Lily Brett
Wenn wir bleiben könnten

Ausgewählte Gedichte

Mit einem Vorwort von Lily Brett
Ausgewählt von Lily Brett und Jutta Kaußen
Übertragen von Jutta Kaußen

Insel Verlag

Erste Auflage 2014
© der deutschen Ausgabe Insel Verlag Berlin 2014
© Lily Brett 2014
Alle Rechte vorbehalten, insbesondere das des
öffentlichen Vortrags sowie der Übertragung durch
Rundfunk und Fernsehen, auch einzelner Teile.
Kein Teil des Werkes darf in irgendeiner Form
(durch Fotografie, Mikrofilm oder andere Verfahren)
ohne schriftliche Genehmigung des Verlages
reproduziert oder unter Verwendung elektronischer
Systeme verarbeitet, vervielfältigt oder verbreitet werden.
Satz: Satz-Offizin Hümmer GmbH, Waldbüttelbrunn
Druck: CPI – Ebner & Spiegel, Ulm
Printed in Germany
ISBN 978-3-458-17610-7

»Ich träume von Wörtern.«
Vorwort von Lily Brett

Ich habe Wörter immer geliebt. Als Kind in Australien musste ich meine Wörter sehr sorgfältig wählen. Meine Flüchtlingseltern, die sehr wenig Englisch konnten, bestanden darauf, dass ich nur englisch mit ihnen sprach. Dies reduzierte meinen Wortschatz und zwang mich, jedes Wort sorgsam abzuwägen.

Ich denke immer über Wörter nach. In meinem Kopf stelle ich Wörter zusammen und nehme sie wieder auseinander. Meine Tagträume handeln von Wörtern und woraus sie bestehen. Andere Leute haben Tagträume von Essen oder Wein oder Urlaub. Ich träume von Wörtern. Und manchmal auch von einem Lottogewinn.

Ich bin nicht die entspannteste Person der Welt. Gedichteschreiben beruhigt mich. Schreiben überhaupt beruhigt mich. Aber Gedichteschreiben ist ganz besonders beruhigend. Ich konzentriere mich außerordentlich auf jedes Wort, jeden Ausdruck, jeden Rhythmus. Ich liebe den Rhythmus der Wörter. Ich liebe sogar den Rhythmus der Sprachen, die ich nicht verstehe – ich höre Menschen, die Italienisch, Russisch, Spanisch, Koreanisch oder guyanesisches Kreolisch sprechen, gerne zu und genieße den Ton und die Sprachmelodie.

Ich höre Wörtern zu wie andere Menschen der Musik. Ich höre kaum je Musik. Ich bin ohne Musik aufgewachsen und suchte immer nach Ruhe. Ich wollte wegkommen vom Lärm der Alpträume und der allgegenwärtigen Angst um mich herum.

Ich mag Ruhe immer noch. Und vielleicht fürchte ich mich davor, mich in Musik zu verlieren, während es für mich etwas ganz Großartiges ist, mich im Klang der Wörter zu verlieren.

Wenn ich Gedichte schreibe, brauche ich dafür nur sehr wenig. Ein oder zwei Notizbücher, ein oder zwei Füller, einen Bleistift, einen Radiergummi und einen Bleistiftspitzer. Dies steht in starkem Kontrast zu der Ausrüstung, die ich benutze, wenn ich Romane oder Essays schreibe. Wenn ich Prosa schreibe, liegen neben mir verschiedenfarbige Büroklammern, ein Sortiment Neon-Marker, Dutzende von Füllern mit schwarzer Tinte und einige mit roter. Ich habe auch mehr Bleistifte, als ich zählen kann, einige Bleistiftspitzer, mindestens vier oder fünf Notizbücher auf einmal, ganze Packen von vielfarbigen Post-it-Zetteln und Radiergummis aus verschiedenen Teilen der Welt – die mexikanischen und die deutschen Radiergummis sind die besten.

Ich habe selten mehr als drei oder vier Zeilen vornotiert, wenn ich mich hinsetze, um ein Gedicht zu schreiben. Diese Zeilen sind mir in einem Bus oder in einem Zug oder auf einem langen Spaziergang oder morgens beim Aufwachen eingefallen. Oft kommen mir Zeilen in den Sinn, wenn ich auf dem Laufband bergauf trainiere. Lange Zeit habe ich dann immer versucht, nach einem Notizbuch zu greifen, bis ich einsehen musste, dass das eher früher als später zum vorhersehbaren Untergang führte. Jetzt wiederhole ich die Zeilen immer wieder in meinem Kopf, damit sie nicht aus meinem Gehirn verschwinden.

Auf die Gefahr hin, sportlicher zu erscheinen, als ich bin, will ich eingestehen, dass ich im Sommer gerne schwimme.

Ich empfinde Schwimmen als sehr meditativ. Während ich schwimme, kommen mir Gedichtzeilen in den Sinn. Gewöhnlich hatte ich am Rand jedes Pools, in dem ich schwamm, ein Notizbuch liegen, bis ich aufgab. Es ist unglaublich schwer, mit nassen Händen auf feuchtes Papier zu schreiben.

Manche der Gedichte dieser Auswahl habe ich geschrieben, als meine Kinder noch Kinder waren. Ich hatte die Angewohnheit, wo immer ich war, Notizen für Gedichte zu kritzeln. Manchmal balancierte ich dabei ein Notizbuch auf dem Lenkrad meines Wagens und schrieb, während die Ampel rot war. Sobald sie umsprang, folgte häufig ein Hupkonzert wütender Fahrer. Und meine Kinder lachten.

Als ich zum ersten Mal die Gedichte, die Jutta Kaußen und ich gemeinsam für dieses Buch ausgewählt hatten, Seite für Seite durchlas, schreckte ich zurück. Das war ein Blick auf mich, den ich fast nicht ertragen konnte. Ich konnte den Schmerz und die Anstrengung darin nicht ertragen, die fast mein ganzes Leben lang Teil von mir gewesen waren.

Ich wollte es mir anders überlegen und lieber ein Buch mit skurrileren Gedichten machen. Mit Gedichten ohne Traurigkeit an den Rändern jeder Zeile. Ich habe mich zurückgehalten und nichts geändert. Ich wollte den Bogen des Buches nicht verändern. Und, ich habe erfahren, dass es mitunter gar nicht so schlimm ist, wenn einen etwas aus dem Gleichgewicht bringt.

Es steckt so viel von mir in dieser Gedichtauswahl. Es steckt viel von mir in meiner Prosa, meiner *fiction* und *non-fiction*. Aber in meiner Lyrik ist dies viel konzentrierter vorhanden. Viel sichtbarer. Weniger durchsetzt von Unterbrechungen. Ich wollte zwischen die Gedichte über Panik und Leiden und meine schöne Mutter, ihre Qual und ihren Kummer, Lachen streuen.

Ich habe viele, viele Gedichte für und über meine Mutter geschrieben. Meine Mutter ist so tief verwurzelt in mir. Sie wird immer ein Teil von mir sein. Das war mir nicht bewusst, als sie vor achtundzwanzig Jahren starb. Die Intensität, mit der ich sie vermisse, hat seitdem nicht nachgelassen, ebensowenig die Intensität, mit der sie gegenwärtig in meinem Leben ist.

Die Vergangenheit, die Vergangenheit meiner Eltern und meine eigene, waren Teil meiner Gegenwart, seit ich denken kann. Die Vergangenheit meiner Eltern schwebte darüber wie eine tiefhängende Wolke aus Angst und Leid. Sie hat nicht alles andere ausgelöscht, aber es wäre leicht möglich gewesen.

Wenn wir bleiben könnten

The Arrival

I was born
into
a disordered kingdom

a
cracked galaxy

there was
so much
screaming

there was
so much
weeping

there was
so much
grieving.

Die Ankunft

Ich wurde hineingeboren
in
ein Königreich im Chaos

eine
zersprengte Galaxie

da war
so viel
Schreien

da war
so viel
Weinen

da war
so viel
Trauern.

I Am Populated

I am populated again
and have to
talk to myself

argue
my case
listen to the opposing view

this
happens to me
periodically

I was born
in a country
whose inhabitants

murdered
those
who inhabit me

I was moved
to
Australia

and have been
at odds
with myself

longing
for
a less harsh light

Ich bin bevölkert

Ich bin wieder bevölkert
und muss
mit mir selber reden

meinen Fall
erörtern
die andere Seite anhören

das
passiert mir
regelmäßig

geboren wurde ich
in einem Land
dessen Einwohner

jene
ermordeten
die mich bewohnen

ich wurde umgesiedelt
nach
Australien

und war
uneins
mit mir

sehnte mich
nach
einem weniger harschen Licht

a
cooler
climate

looking
for
a life

which
I
suspect

died
in
Poland.

einem
kühleren
Klima

suchte
nach
einem Leben

das
wie ich
fürchte

in
Polen
starb.

I Keep Forgetting

I keep forgetting
the facts and statistics
and each time
I need to know them

I look up books
these books line
twelve shelves
in my room

I know where to go
to confirm the fact
that in the Warsaw Ghetto
there were 7.2 people per room

and in Lodz
they allocated
5.8 people
to each room

I forget
over and over again
that one third of Warsaw
was Jewish

and in the ghetto
they crammed 500,000 Jews
into 2.4 percent
of the area of the city

Ich vergesse dauernd

Ich vergesse dauernd
die Fakten und Statistiken
und jedes Mal
wenn ich sie wissen muss

schaue ich in Büchern nach
diese Bücher nehmen
zwölf Regale
in meinem Zimmer ein

ich weiß wo ich hingehen muss
um die Tatsache zu überprüfen
dass im Warschauer Ghetto
7,2 Personen pro Raum lebten

und in Lodz
teilten sie
5,8 Personen
einen Raum zu

ich vergesse
immer wieder
dass ein Drittel von Warschau
jüdisch war

und sie im Ghetto
500 000 Juden zusammenpferchten
auf 2,4 Prozent
des Stadtareals

and how many
bodies were they burning
in Auschwitz
at the peak of their production

twelve thousand a day
I have to check
and re-check

and did I dream
that at 4pm on the 19th January
58,000 emaciated inmates
were marched out of Auschwitz

was I right
to remember that in Bergen Belsen
from the 4th – 13th of April 1945
28,000 Jews arrived from other camps

I can remember
hundreds and hundreds
of phone numbers

phone numbers
I haven't phoned
for twenty years
are readily accessible

and I can remember
people's conversations
and what someone's wife
said to someone else's husband

und wie viele
Leichen sie verbrannten
in Auschwitz
in den Spitzenzeiten ihrer Produktion

zwölftausend am Tag
muss ich prüfen
und wieder prüfen

und habe ich geträumt
dass am 19. Januar nachmittags um 4 Uhr
58 000 ausgezehrte Insassen
aus Auschwitz marschieren mussten

und bestätigt sich
meine Erinnerung dass in Bergen-Belsen
vom 4. bis zum 13. April 1945
28 000 Juden aus anderen Lagern ankamen

ich kann mich erinnern
an Aberhunderte
von Telefonnummern

Telefonnummern
die ich zwanzig Jahre
nicht angerufen habe
sind abrufbereit

und ich kann mich erinnern
an Gespräche von Leuten
was irgendjemandes Ehefrau
zu irgendjemandes Ehemann gesagt hat

what a good memory
you have
people tell me.

was für ein gutes Gedächtnis
du hast
sagen mir die Leute.

At Seventeen

At seventeen
not
having seen

much
of
life

mother

you
were sent
into the Ghetto

where
you saw
everything.

Mit Siebzehn

Mit siebzehn
hattest
du

nicht viel
gesehen
vom Leben

Mutter

du
wurdest ins Ghetto
geschickt

dort
sahst du
alles.

After The War

After the war
it made your ears ache
your skin creep
your head swim

to see
your possessions
belonging to them

to sit
with Mrs Polski
who used to be
the caretaker

while her gangly callow son
wallowed
in your father's suit

she served you cake
on china plates
that were part of your mother's dowry

and the grand piano
standing polished and proud
was your brother's most prized possession

Nach dem Krieg

Nach dem Krieg
bekamst du Ohrensausen
eine Gänsehaut
Schwindel im Kopf

als du sahst
dass dein Eigentum
ihnen gehörte

zu Besuch
bei Frau Polski
die einmal
die Hausmeisterin war

während ihr schlaksiger unreifer Sohn
sich räkelte
in deines Vaters Anzug

servierte sie dir Kuchen
auf Porzellantellern
Teile der Mitgift deiner Mutter

und der Flügel
der so poliert und prachtvoll dastand
war deines Bruders wertvollster Besitz gewesen

and you could see
mother
that Mrs Polski
was surprised
to find you still alive.

und du konntest ihr ansehen
Mutter
dass Frau Polski
überrascht war
dass du noch am Leben warst.

The Mother Tongue

The mother tongue
my mother
spoke with me

in
Feldafing
the D. P. Camp

was
not
hers

it
was
German

imagine
endearments
echoing a Nazi staccato

then
we crossed the world
and switched to English

a
stumbling awkward
communication

which
I
picked up quickly

Die Muttersprache

Die Muttersprache
in der meine Mutter
mit mir sprach

in Feldafing
dem
D.-P.-Lager

war
nicht
ihre

es
war
Deutsch

stellt euch
Koseworte vor
mit einem Nazi-Stakkato-Echo

dann
überquerten wir die Welt
und wechselten ins Englische

eine
unbeholfen stolpernde
Kommunikation

die
ich
schnell aufgriff

my
mother's poetic
Polish

seemed
incomprehensible
to me

and
was ditched
except for privacies

between
her
and my father

this
batch
of languages

hatched
a lack of subtlety
a severity

everything
was shouted
or stated

in
an uncomfortable
expression.

meiner
Mutter poetisches
Polnisch

schien
mir
unverständlich

und
wurde verworfen
außer für Vertrauliches

zwischen
ihr
und meinem Vater

dieser
Packen
Sprachen

brachte
einen Mangel an Feinheit
eine Heftigkeit hervor

alles
wurde ausgerufen
oder behauptet

mit
einem unbehaglichen
Ausdruck.

Arriving in Australia

When
you
arrived

you
imagined

you'd
be
treated

like
kings

welcomed
with
open
arms

looked
at
lovingly

revered
really

what
greeted
you

Ankommen in Australien

Als
ihr
ankamt

stelltet ihr
euch vor

ihr
würdet
behandelt

wie
Könige

aufgenommen
mit
offenen
Armen

liebevoll
angeschaut

wirklich
geachtet

was
euch
empfing

were
anxious
faces

they
said

we
know

you've
been

through
a lot

but
it's
best

not
to
disturb
yourself

with
those
thoughts

it
took
you

waren
besorgte
Gesichter

sie
sagten

wir
wissen

ihr
habt

viel
durchgemacht

aber
es ist
das Beste

ihr
macht euch
nicht
verrückt

mit
diesen
Gedanken

der Versuch

darüber
zu sprechen

forty
years

to
try

to
talk

about
it.

hat
euch

vierzig Jahre
gekostet.

Until I Was Six

Until I was six
I thought we lived in Paradise
this country is Paradise
my father said every night

when he returned home
after his double shift
behind a sewing machine

this garden of the Gods
where men painted fences
and birds never wept
and brown dogs yapped their happiness

we lived
new recruits in this blue kingdom
with Aunty Regina and Uncle Felek
two families in two rooms

my mother marketed and shopped
her hair grew
she hummed tunes

and although her number never faded
and she joined her dead family every night
she thought my father was right

we lived in Paradise.

Bis ich sechs war

Bis ich sechs war
glaubte ich wir lebten im Paradies
dieses Land ist das Paradies
sagte mein Vater allabendlich

wenn er nach Hause kam
von seiner Doppelschicht
an einer Nähmaschine

in diesem Garten der Götter
wo Männer Zäune anmalten
und Vögel nie klagten
und braune Hunde vor Glück kläfften

lebten wir
neue Rekruten in diesem blauen Königreich
mit Tante Regina und Onkel Felek
zwei Familien in zwei Räumen

meine Mutter handelte und kaufte ein
ihr Haar wuchs wieder
sie summte Lieder

und obwohl ihre Nummer nie verblasste
und sie ihre tote Familie besuchte jede Nacht
dachte sie mein Vater hätte recht

wir lebten im Paradies.

A Storyteller

I have been
a storyteller
for a long time

when I was six
I explained
to the kids at school

that we were so poor
all four of us
had to share one blanket

most nights I slept
I said
without a blanket

I talked about
shaking with cold
my teeth and knees chattering

this was Lee Street
State Primary
and all the kids were poor

I was one of the better dressed
Giuseppe rarely had lunch
and Lydia left at eleven

to work for her uncle and Bruno
who came to school from the market
slept in his pants and jumper

Eine Geschichtenerzählerin

Ich bin
schon lange
eine Geschichtenerzählerin

als ich sechs war
erklärte ich
den Kindern in der Schule

wir seien so arm
dass wir uns zu viert
eine Decke teilen müssten

die meisten Nächte
sagte ich
schliefe ich ohne Decke

ich sprach davon
wie ich vor Kälte zitterte
meine Zähne und Knie klapperten

das war die staatliche Grundschule
in der Lee Street
und all die Kinder waren arm

ich war eines der besser gekleideten
Giuseppe hatte selten ein Mittagessen dabei
und Lydia ging ab mit elf

um für ihren Onkel zu arbeiten und Bruno
der vom Markt in die Schule kam
schlief in Hose und Pullover

I loved my story
about no blankets
I wore a sad smile as I spun it out

my friends
were wide-eyed
and worried about me

the bullies left me alone
they felt sorry for me
sleeping with no blanket

and I felt sorry
for myself
it was a difficult existence.

ich liebte meine Geschichte
von keinen Decken
ich trug ein trauriges Lächeln während ich sie ausspann

meine Freunde
machten große Augen
und sorgten sich um mich

die Rabauken auf dem Schulhof ließen mich in Ruhe
ich tat ihnen leid
ohne Decke schlafen zu müssen

und ich
tat mir leid
es war ein schwieriges Dasein.

I Was Waiting

It is 100 degrees in Hotham Street
an old orthodox Jew
crosses the road

he has the pale face of the devoted
his black hat coat and curls
soak in the strident light

my father revs his Chevy up
look at that silly Yid
what does he think
does he think he is in Warsaw or Lowicz

an idiot an idiot
my mother screams
he should have a sign on him
run me over I am Jewish

no wonder they didn't want us
the Jews here
no wonder they were ashamed of us

those who came before the war
were already speaking good English
they knew what it was a sandwich

look at him
a madman
and he is talking to God

Ich habe gewartet

38 Grad in der Hotham Street
ein alter orthodoxer Jude
überquert die Straße

er hat das blasse Gesicht der Tiefgläubigen
sein schwarzer Hut Mantel und seine Locken
durchtränkt vom grellen Licht

mein Vater lässt den Chevy aufheulen
schau dir den dummen Jid an
was denkt der sich
glaubt er er wäre in Warschau oder Lowicz

ein Idiot ein Idiot
schreit meine Mutter
er sollte ein Schild tragen
fahrt mich um ich bin Jude

kein Wunder dass sie uns nicht wollten
die Juden hier
kein Wunder dass sie sich unserer schämten

diejenigen die vor dem Krieg gekommen waren
sprachen schon gutes Englisch
sie wussten was das war ein Sandwich

schau ihn an
ein Verrückter
und er redet mit Gott

there is no God Liebala
there is no God
I know this for sure

I was waiting for Him Liebala
in the ghetto
when my baby died

I was waiting for Him
when my mother was crushed
on the bottom of the cattle truck

I was waiting for Him
when little Hanka
went into the gas

I was waiting for Him.

es gibt keinen Gott Liebele
es gibt keinen Gott
ich weiß es sicher

ich habe auf Ihn gewartet Liebele
im Ghetto
als mein Baby starb

ich habe auf Ihn gewartet
als meine Mutter zerquetscht wurde
auf dem Boden des Viehtransporters

ich habe auf Ihn gewartet
als die kleine Hanka
ins Gas ging

ich habe auf Ihn gewartet.

Killing Me

My mother believed
people could easily
be killed

and
she was
right

she had seen
exactly how
simple

it
was
to kill

you are killing me
she said to me
regularly

the trouble
with my sister-in-law
is killing me

daddy's
work
is killing me

my feet
are
killing me

Mich umbringen

Meine Mutter glaubte
Menschen könnten leicht
umgebracht werden

und
sie hatte
recht

sie hatte
genau gesehen
wie einfach

es
war
zu töten

du bringst mich um
sagte sie oft
zu mir

der Ärger
mit meiner Schwägerin
bringt mich um

Daddys
Arbeit
bringt mich um

meine
Füße
bringen mich um

my sinusitis
is going
to finish me off

I watched
and absorbed
this feeling

of
how easily
you can die

I thought
I could
be killed

by heights
by worry
by work

by
being
too thin

by
being
too busy

and
so I had to sit
and wait

meine Sinusitis
gibt mir
den Rest

ich beobachtete
und nahm es auf
dieses Gefühl

wie leicht
man
sterben kann

ich dachte
ich könnte
umgebracht werden

von Höhen
von Sorgen
von Arbeit

davon
zu dünn
zu sein

davon
zu geschäftig
zu sein

und deshalb
musste ich dasitzen
und warten

to anticipate
and catch
the unexpected

to be
on guard
and in control

alert
to any
attack

armed
with
ammunition

I spent
years
encumbered and suspended.

um das Unerwartete
kommen zu sehen
und ihm zu begegnen

um wachsam zu sein
und die Kontrolle
zu behalten

auf der Hut
vor jedem
Angriff

bewehrt
mit
Munition

verbrachte ich
Jahre
bedrückt und in der Luft hängend.

Mr Kurop's

At Mr Kurop's
corner shop
in Carlton

where I thought
the world
began and ended

Mrs Hoffman
fought with
Mrs Littman

and Mrs Borenstein
boasted about
her clever daughter

at home
she looked at her
with contempt

called her
my daughter the genius
my daughter the professor

can you teach me
anything
she would taunt

you think
this big education
made you better than me

Bei Mr. Kurop

In Mr. Kurops
Laden an der Ecke
in Carlton

wo ich glaubte
dass die Welt
anfinge und endete

stritt
Mrs. Hoffman mit
Mrs. Littman

und Mrs. Borenstein
prahlte mit
ihrer klugen Tochter

zu Hause
schaute sie auf sie herab
mit Verachtung

nannte sie
meine Tochter das Genie
meine Tochter die Professorin

kannst du mir
irgendetwas beibringen
stichelte sie

denkst du
diese große Ausbildung
macht dich besser als mich

and poor Mrs Schloss
whose son Henry
wouldn't grow tall

she took him
to paediatricians
and surgeons

who said
short parents
were unlikely to produce
tall children

and then there was
Benny Cohen's mother
who despaired of her boy
ever finding a wife

well Benny
has already dispensed
with three

and Rooshka
who couldn't
animate
her dumpy daughters

sighed
over the herring
and plotted
their diet

und die arme Mrs. Schloss
deren Sohn Henry
nicht groß werden wollte

sie brachte ihn
zu Kinderärzten
und Chirurgen

die sagten
es wäre unwahrscheinlich
dass kleine Eltern
große Kinder produzierten

und dann war da
Benny Cohens Mutter
die an ihrem Jungen verzweifelte
ob er je eine Frau finden würde

gut Benny
hat inzwischen drei
abgelegt

und Ruschka
die ihre pummeligen Töchter
nicht antreiben
konnte

seufzte
über dem Hering
und plante
ihre Diät

and Mrs Frumkin
who dragged her daughter
to ballet class
would tell Mrs Kurop

any cow
can have a calf
but not everyone
can dance

Mrs Bliss would answer
she didn't care if her Fay
couldn't dance
if only Fay wouldn't get taller

and there was Pola Bender
who hid herself
in the shelter sheds
at school

and pretended
she was
topping the class
every year

Mrs Bender
never knew
and now
that Pola

heads
a small
empire

und Mrs. Frumkin
die ihre Tochter
ins Ballett schleppte
sagte zu Mrs. Kurop

jede Kuh
kann ein Kalb kriegen
aber nicht jede
kann tanzen

Mrs. Bliss antwortete dann
ihr mache es nichts aus wenn ihre Fay
nicht tanzen könne
wenn Fay nur nicht größer würde

und da war Pola Bender
die sich immer
in der Schule
in den Umkleidebaracken versteckte

und vorgab
sie sei
jedes Jahr
Klassenbeste

Mrs. Bender
erfuhr es nie
und nun
da Pola

ein kleines
Imperium
leitet

with offices
in Hong Kong
and Korea

Mrs Bender
tells people
you could already see
Pola's brilliance at school.

mit Büros
in Hongkong
und Korea

erzählt Mrs. Bender
den Leuten
man habe Polas überragende Begabung
schon in der Schule erkennen können.

I Was Shouting

I was shouting at my son
the young medical student
the small boy
you adored

I was shouting about
coming home late
I was shouting about
appreciating

parents
when
you still
had them

parents
while
they were still
alive

my
lips
froze
in mid-verse

how
had
this old script

Ich schrie

Ich schrie meinen Sohn an
den jungen Medizinstudenten
den kleinen Jungen
den du vergöttert hast

ich schrie von
zu spät nach Hause Kommen
ich schrie von
Wertschätzung

der Eltern
solange
er sie
noch hätte

der Eltern
solange
sie noch
am Leben wären

mitten im Satz
wurden
meine Lippen
starr

wie
war
dieser alte Text

slipped
out
of my mouth

they
were
your lines
mother

I remember
the repetitious lyrics
the angry stanzas

no-one
has
better
parents

you
will cry
on our graves

but
it will be
too late

I remember
those
snappy
epics

meinem
Mund
entschlüpft

das
waren
deine Sätze
Mutter

ich erinnere mich an
das immer wiederkehrende Lied
die wütenden Strophen

niemand
hat
bessere
Eltern

du
wirst noch weinen
an unseren Gräbern

aber dann
ist es
zu spät

ich erinnere mich
an jene
bissigen
Tiraden

at seventeen
you owned
your school uniform
and your Sabbath dress

you were not jealous
of my pink Pontiac
my French clothes
my expensive shoes

mother
you
envied me
my parents.

mit siebzehn
gehörten dir nur
deine Schuluniform
und dein Sabbatkleid

du warst nicht eifersüchtig
auf meinen rosa Pontiac
meine französischen Kleider
meine teuren Schuhe

Mutter
du
hast mich
um meine Eltern beneidet.

I Have Never Known

Mother I have never known
where you ended

I have worn us blended
for forty years

I have walked through Melbourne
as though it were Warsaw

on guard for the Gestapo
in fear of informers

alert
to any menace in the air

and I have bought boxes
of eggs and potatoes and bread

and cheese and cherries
and pickled cucumber and herrings

to put aside
for leaner times

and I have had my nightmares too
of what I might not have been able to do

and I know how every event
a knock at the door a burst of rain

a child's complaint
a husband's breakfast

Ich wusste nie

Mutter ich wusste nie
wo du endetest

vierzig Jahre lang
trug ich uns ineinandergeblendet

ich lief durch Melbourne
als wäre es Warschau

auf der Hut vor der Gestapo
voller Furcht vor Denunzianten

wachsam
gegenüber Bedrohungen in der Luft

und ich habe Kisten gehortet
mit Eiern und Kartoffeln und Brot

und Käse und Kirschen
eingelegten Gurken und Heringen

um sie beiseitezulegen
für schlechtere Zeiten

und ich hatte auch meine Alpträume
von dem was ich vielleicht nicht schaffen könnte

und ich weiß dass jeder Vorfall
ein Klopfen am Tor ein Platzregen

die Beschwerden eines Kindes
das Frühstück eines Ehemanns

is always a question
of life and death

and I measure myself mother
against imagined obstacles

and am left
lacking.

immer eine Frage ist
von Leben und Tod

und ich messe mich Mutter
an imaginären Widerständen

und bleibe zurück
mangelhaft.

The Questions

The questions
that tormented
my mother

were
the same questions
everyday

did she do
anything
at anyone else's

expense
to save
herself

did
her mother know
she'd have preferred

to go
with her
to the ovens

did
her sister hear
her crying

did
her niece
die quickly

Die Fragen

Die Fragen die
meine Mutter
quälten

waren
dieselben Fragen
jeden Tag

hatte sie
etwas getan
auf irgendjemandes

Kosten
um sich selbst
zu retten

wusste
ihre Mutter
dass sie lieber

mit ihr
in die Öfen
gegangen wäre

hörte
ihre Schwester
ihr Weinen

war
ihre Nichte
schnell gestorben

another question
that tormented
her

was
why was she
saved

why
was she
spared

she wasn't sure
she was
saved

she wasn't sure
she was
spared.

eine andere Frage die
sie
quälte

warum
war sie
gerettet

warum
war sie
verschont worden

sie war sich nicht sicher
war sie
gerettet

sie war sich nicht sicher
war sie
verschont worden.

I Talk To You

I talk to you
every day mother
I talk to you while I write
I talk to you at night

I continue our conversations
I triumph in our arguments
I don't buckle in our battles

and every time

a snatch of anguish
a shard of sorrow
a shiver of misery

almost touches me

the dybbuk simmers
the hooligan howls
the hyena sours and screams

its hackneyed rhapsody
its ominous overture
its notorious chorus

I know this war
I am familiar
with each fretful note
of that surly score

Ich spreche mit dir

Ich spreche mit dir
jeden Tag Mutter
ich spreche mit dir beim Schreiben
ich spreche mit dir in der Nacht

ich führe unsere Gespräche weiter
ich triumphiere bei unseren Streitigkeiten
ich knicke nicht ein in unseren Kämpfen

und jedes Mal

berührt mich fast

eine Spur Angst
eine Scherbe Schmerz
ein Schauder Trauer

der Dibbuk kocht
der Rowdy heult
die Hyäne wird zornig und kreischt

ihre abgedroschene Rhapsodie
ihre unheilvolle Ouvertüre
ihren allbekannten Chor

ich kenne diesen Krieg
jeden nervigen Ton
jener missmutigen Partitur
bin ich gewohnt

I refuse you
any pleasure mother
I disgorge old aches
and vomit querulous questions

I bury the fire
I burn the tenderness
I erase the love
and cannot see the price

I cannot cry
for you mother
I have tried and tried.

ich verweigere dir
jegliche Freude Mutter
ich würge alte Schmerzen aus mir heraus
und erbreche anklagende Fragen

ich begrabe das Feuer
ich verbrenne die Zärtlichkeit
ich lösche die Liebe
und kann den Preis nicht erkennen

ich kann nicht
weinen um dich Mutter
ich habe es immer wieder versucht.

A Chorus

It was hard
to be heard
in our house

a loud chorus
sang
the main score

dead people
with strong
voices

an aria
of saints
and angels

a
scattered
madrigal

a
doomed
dirge

it's
your aunty Fela
your uncle Felix

your cousin Mara
your sister Hannah

Ein Chor

Es war schwer
gehört zu werden
in unserem Haus

ein lauter Chor
bestimmte
die Partitur

tote Menschen
mit starken
Stimmen

eine Arie
von Heiligen
und Engeln

ein
zerfahrenes
Madrigal

ein
verhängnisvoller
Trauergesang

es ist
deine Tante Fela
dein Onkel Felix

deine Cousine Mara
deine Schwester Hannah

your brother
your brother

your mother
your father

your brother
your brother

your brother
your brother.

dein Bruder
dein Bruder

deine Mutter
dein Vater

dein Bruder
dein Bruder

dein Bruder
dein Bruder.

Whoever They Are

Whoever they are
they are part of me

too many parts of my parts
were absent missing

then too many other parts
fell off just dropped

almost from shock
like the expression on

the faces of the women
just before they were shot

that sort of shock
can be quieting and jolting

in the photographs
the women all naked

look jolted and silently
frightened

I recognise
the expression

I recognise
the demeanour

whoever they are
they are part of me.

Wer immer sie sind

Wer immer sie sind
sie sind Teil von mir

zu viele Teile meiner Teile
waren fort verschollen

dann brachen zu viele andere Teile weg
fielen einfach so ab

schier vom Schock
wie der Ausdruck auf

den Gesichtern der Frauen
kurz bevor man sie erschoss

jene Art Schock kann
still machen und verstören

auf den Fotografien
die Frauen alle nackt

sehen verstört und still
verängstigt aus

ich erkenne
den Ausdruck wieder

ich erkenne
die Haltung wieder

wer immer sie sind
sie sind Teil von mir.

Laden

A dark-eyed auburn-haired
young woman
has inhabited me

she slipped her arms
into the sleeves
of my coat

when
my concentration
had momentarily faltered

she is the daughter
of my mother's
middle sister

my first cousin
the eldest of
seventeen of my first cousins

who expired
at roughly
the same time

when
this cousin
first arrived

my sleeves felt
a bit tight
and my thoughts

Beladen

Eine dunkeläugige rotbraunhaarige
junge Frau
hat mich bewohnt

sie ließ ihre Arme
in die Ärmel
meines Mantels gleiten

als
meine Konzentration
einen Moment nachließ

sie ist die Tochter
der mittleren Schwester
meiner Mutter

meine Cousine
die älteste von
siebzehn Geschwisterkindern

die ungefähr
zur selben Zeit
starben

als
diese Cousine
eines Tages ankam

fühlten sich meine Ärmel
ein bisschen eng an
und meine Gedanken

were diverted
by dreams
in another language

there was an exuberance
and a lilt
to my cousin's Polish

I had never heard
Polish spoken
with a lilt

my parents' Polish
was laden
and burdened

with remnants
and fragments
of bones and teeth

bones and teeth
that belonged
to others

soon
this dark-eyed cousin
brought in

her blue-eyed
strawberry blonde-haired
younger sister

the one
my younger daughter
resembles

wurden abgelenkt
von Träumen
in einer anderen Sprache

da war ein Überschwang
und ein Singsang
im Polnisch meiner Cousine

ich hatte noch nie
Polnisch sprechen hören
mit einem Singsang

das Polnisch meiner Eltern
war belastet
und überbürdet

mit Überresten
und Bruchstücken
von Knochen und Zähnen

Knochen und Zähnen
die anderen
gehörten

bald
brachte
diese dunkeläugige Cousine

ihre blauäugige
erdbeerblonde
jüngere Schwester mit

diejenige
der meine jüngere Tochter
ähnelt

I'm not sure
how the blonde entered
it must have been

during
a strong breeze
or a period of distraction

or through a loose
and unruly
neckline or hemline

the two sisters
were very lively
for two dead people

much livelier
than me
the first cousin

who
was really
alive.

ich bin mir nicht sicher
wie die Blonde hereingekommen war
es musste geschehen sein

während
eines heftigen Winds
oder in einer Phase der Zerstreutheit

oder durch einen losen
und unordentlichen
Ausschnitt oder Saum

für zwei tote Menschen
waren die beiden Schwestern
sehr lebhaft

viel lebhafter
als ich
ihre Cousine

die
wirklich
am Leben war.

Two Aunts

Two aunts
and one of their mothers
dropped in

on me
I was writing a line
of one of my novels

and wasn't surprised
to see them
perfectly coifed

although their heads
had been shaved
before they were slaughtered

she looks like
her mother's
daughter

one of the
aunts says
she looks like me

the other
aunt's mother
retorts

she's not
a happy type
my look-alike adds

Zwei Tanten

Zwei Tanten
und die Mutter der einen
schauten

bei mir herein
ich schrieb gerade eine Zeile
in einem meiner Romane

und war nicht überrascht
sie perfekt
frisiert zu sehen

obwohl ihre Köpfe
geschoren worden waren
bevor sie abgeschlachtet wurden

sie sieht aus
wie die Tochter
ihrer Mutter

sagt eine
der Tanten
sie sieht aus wie ich

erwidert
die Mutter
der anderen Tante

sie ist nicht
von der glücklichen Sorte
fügt meine Doppelgängerin hinzu

I am a bit offended
and try to
re-arrange my demeanor

anyway
how can they
recognize happiness

they've been dead
for decades
and I've been alive

lying on
analyst after
analyst's couches

trying to
re-route entrails
and divert devices

the aunts
and one of their mothers
seem to have

a firm grip
on their firmament
their hips

and legs
own my oak
polished floor

and the loam
and sand
and clay

ich bin etwas beleidigt
und versuche
meine Körperhaltung zu ändern

egal
wie können sie
wissen was Glück ist

sie waren tot
seit Jahrzehnten
und ich war am Leben

lag auf den Couchen
von einem Analytiker
nach dem anderen

versuchte
Innerstes umzupolen
und Mechanismen umzubiegen

die Tanten
und die Mutter der einen
haben scheinbar

einen festen Zugriff
auf ihr Firmament
ihre Hüften

und Beine
beherrschen mein poliertes
Eichenparkett

und den Lehm
und Sand
und Ton

two of them are in
stiletto heels
and all three

share a hair
colour and
slightly flushed cheeks

they do a short quickstep
and wave to me
and leave.

zwei von ihnen tragen
Stilettos
und alle drei

teilen eine Haar-
farbe und
leicht gerötete Wangen

sie vollführen einen kurzen Quickstep
winken mir zu
und sind weg.

Today III

The sun is laughing
a high
strident
yellow laugh

a long
sniggering beam
reaches out
and squeezes me

I am
bleached
and breathless
I sweat

in the garden
under
the same
saffron star

fat ginger plants
and tall tuber roses
exude
a sensuous scent

topaz
marigolds
flutter their lashes
with pleasure

Heute III

Die Sonne lacht
ein schneidend
hohes
gelbes Lachen

ein langer
kichernder Strahl
holt aus
und drückt mich

ich bin
ausgebleicht
und atemlos
ich schwitze

im Garten
unter
demselben
Safran-Stern

verströmen
fette rötliche Gewächse
und große Tuberosen
einen sinnlichen Duft

topasfarbene
Ringelblumen
klimpern vor Wonne
mit ihren Wimpern

I
sit
at a white
wrought-iron table

my
black-stockinged ankles
rest against
its ornate base

displaced
I dream myself
somewhere else

I paint
a soft grey sky
a kind light

streets
of market stalls
and eager bargainers

rows
of squat apartments
filled with family

every block
has
another cousin

clutches
of aunties
visit me

ich
sitze
an einem weißen
schmiedeeisernen Tisch

meine
schwarzbestrumpften Fesseln
ruhen an
seinem geschwungenen Fuß

heimatlos
träume ich mich
woandershin

ich male mir
einen sanften grauen Himmel
ein freundliches Licht

Straßen
mit Marktständen
und eifrigen Händlern

Reihen
flacher Apartments
voll mit Familie

in jedem Block
wohnt
ein anderer Cousin

Scharen
von Tanten
besuchen mich

I am
related
to everybody.

ich bin
mit allen
verwandt.

Today I

I know him
as the
panic phantom

cold air floats
from the folds
of his long black coat

he shakes
his bony fingers
and speaks in a broken baritone

do you want
to see
what trouble
really means

I have been
asked
this question
before

this ghost
and I
are very close

I know
his quivering fingers
and leap-frogging fears

Heute I

Ich kenne ihn
als das
Panik-Phantom

kalte Luft wallt
aus den Falten
seines langen schwarzen Mantels

er schüttelt
seine knochigen Finger
und spricht in gebrochenem Bariton

möchtest du
mal erleben
was wirkliche
Probleme sind

diese Frage
ist mir
früher schon
gestellt worden

dieser Geist
und ich
stehen uns sehr nah

ich kenne
seine Zitterfinger
seine bocksprunghafte Ängstlichkeit

we have lain
together
and I have stroked
his frozen ears

no
I say
don't explain trouble
to me today.

wir haben
zusammen gelegen
und ich habe
seine steifen Ohren gestreichelt

nein
sage ich
heute erklärst du mir nicht
was Probleme sind.

Three Analysts

I have had
three analysts
I have analysts

coming out of my ears
floating in my dreams
lecturing me at night

some of my friends
have had three husbands
an achievement

altogether
more
respectable

I am
still attached
to all three analysts

the friendly analyst
the firm analyst
the reasonable analyst

it hasn't
been
cheap

Drei Analytiker

Ich hatte
drei Analytiker
Analytiker

kommen mir aus den Ohren
schweben durch meine Träume
belehren mich in der Nacht

manche meiner Freundinnen
hatten drei Ehemänner
eine insgesamt

viel
beachtlichere
Leistung

ich fühle mich
allen drei Analytikern
immer noch verbunden

dem freundlichen Analytiker
dem unerschütterlichen Analytiker
dem vernünftigen Analytiker

es war
nicht
billig

I could have
bought
gems and pearls

and still not spent
what my analysts
have cost me.

ich hätte
Perlen und Edelsteine
kaufen können

und hätte lang noch nicht ausgegeben
was meine Analytiker
mich gekostet haben.

The Half-light

I am leaving the half-light
I have packed my bags
and dispatched my lacerations

I have dismantled my fantasy
disarmed the damp
dismembered the evil star

I am returning
the borrowed bruises
the embezzled anguish

I am disrobing myself
of composed cramps
and contrived aches

I am tired of cracked rubies
and moth-eaten goblets
and sunless sunsets.

Das Halbdunkel

Ich verlasse das Halbdunkel
ich habe meine Taschen gepackt
und meine Verletzungen abgefertigt

ich habe meine Phantasie demontiert
die Mutlosigkeit entschärft
den bösen Stern zerstückelt

ich gebe sie zurück
die geborgten Blutergüsse
die angeeignete Pein

ich lege sie ab
die komponierten Krämpfe
und arrangierten Beschwerden

ich bin die ruinierten Rubine leid
die antiquierten Kelche
und sonnenlosen Sonnenuntergänge.

Places

There are small places
I feel in place in

I feel comfortable
wrapped in my husband

I am happy
with my children

I feel good
talking to a friend or two

I have never
kissed the earth

of a country
or blessed the sky

I am not
Polish or Australian or German

I have stayed
displaced

in
most places.

Orte

Es gibt kleine Orte
wo ich mich am rechten Ort fühle

eingekuschelt in meinen Mann
fühle ich mich behaglich

ich bin glücklich
mit meinen Kindern

ich fühle mich wohl
wenn ich mit ein oder zwei Freundinnen rede

ich habe nie
die Erde geküsst

von einem Land
oder den Himmel gesegnet

ich bin weder
Polin noch Australierin noch Deutsche

ich blieb immer
heimatlos

an
den meisten Orten.

I Had To Kiss

I

I had to kiss
my husband
five times

one kiss
for each of us
and the children

it had
to be
five

otherwise
the person
whose kiss

I'd missed
might
expire.

II

I kept many numbers
three was lucky
and so was two

Fünf Küsse

I

Ich musste
meinen Mann
immer fünfmal küssen

einen Kuss
für jeden von uns
und jedes der Kinder

es mussten
fünf
sein

sonst
hätte
die Person

deren Kuss
ich ausließ
enden können.

II

Ich behielt viele Zahlen
drei war eine Glückszahl
und zwei auch

some numbers
were neutral
and others lethal

this number for that
that number to balance
something else.

III

I'd spin
the ritual
and blessings

into
daily
credits and debits

an accounting
and
reconciliation.

einige Zahlen
waren neutral
und andere letal

diese Zahl für dies
jene Zahl als Ausgleich
für etwas anderes.

III

Ich verflocht
das Ritual
mit den Segnungen

in ein
tägliches
Soll und Haben

eine Buchführung
mit
Kontenausgleich.

Curled

Curled
in my bed
I am happy

I am safe
from
the pig man

the hog herd
flying lemurs
and ant-eaters.

Zusammengerollt

Zusammengerollt
in meinem Bett
bin ich glücklich

bin ich sicher
vor
dem Schweinekerl

der Schweineherde
fliegenden Lemuren
und Ameisenfressern.

Cradlesong

(for my children)

There are children
who weren't meant
to be born

bright shiny
children
clear-eyed children

some of these children
are almost
not children

they have smooth
faces
and are not afraid

they seem
cleverer
than other children

more beautiful
than
other children

as though
all the angels
had joined hands

Wiegenlied

(für meine Kinder)

Es gibt Kinder
denen war nicht bestimmt
geboren zu werden

helle glänzende
Kinder
kläräugige Kinder

manche von diesen Kindern
sind fast
keine Kinder mehr

sie haben glatte
Gesichter
und fürchten sich nicht

sie scheinen
klüger zu sein
als andere Kinder

schöner
als
andere Kinder

als ob
alle Engel
sich an den Händen gefasst

and
appointed
certain souls and spirits

to
return

rabbis
with unfinished business
helped the angels

they prayed
and
petitioned

they sang
an exultant
cradlesong

and
danced
a radiance

round
and round
under a blue canopy

until
their wings and robes
mingled

on the edge
of a morning star
a klezmer band played

und
gewisse Seelen und Geister
bestimmt hätten

zurück-
zukommen

Rabbis
mit unerledigten Angelegenheiten
halfen den Engeln

sie beteten
und
baten

sie sangen
ein frohes
Wiegenlied

und
tanzten
einen Strahlenglanz

rund-
herum
unter einem blauen Baldachin

bis
ihre Flügel und Gewänder
sich verwoben

am Rand
eines Morgensterns
spielte eine Klezmer-Band

such happy music
that angels on
another trajectory

assembled
and
listened

after
each
birth

the

universe
turned crimson.

solch fröhliche Musik
dass Engel auf
einer anderen Flugbahn

sich versammelten
und
zuhörten

nach
jeder
Geburt

färbte sich

das

Universum
purpurrot.

Pieces of Shrapnel

My children
carry
pieces of shrapnel

they are
better
than I was

they feel
their place
in the world

and are
on the whole
less fearful

their children
will be

the
fourth generation

since
the feast of the vultures.

Schrapnellsplitter

In meinen Kindern
stecken
Schrapnellsplitter

ihnen geht es
besser
als mir

sie spüren
ihren Platz
in der Welt

und sind
insgesamt
weniger ängstlich

ihre Kinder
werden

die
vierte Generation sein

seit dem
Festgelage der Geier.

Your Eyes

Your eyes have
turned up
on a small girl

born twenty-two years
after your death
your eyes arrived

in this child
of my child
with a clarity

and a sureness
the anxiety
had been excised

the wariness
had re-routed itself
and must be visiting someone else

the bewilderment
that battened down
your hatches

and coated your lashes
with thick layers
of sadness

must have melted
in the clouds
or in the heat

Deine Augen

Deine Augen
sind wieder aufgeleuchtet
in einem kleinen Mädchen

geboren zweiundzwanzig Jahre
nach deinem Tod
deine Augen kamen an

in diesem Kind
meines Kindes
mit einer Klarheit

und einer Sicherheit
die Angst
war herausgetrennt worden

das Misstrauen
hatte den Kurs geändert
und sucht wohl jemand anderen heim

die Verwirrung
die deine Luken
dicht gemacht

und deine Wimpern
mit dicken Schichten Traurigkeit
überzogen hatte

muss weggetaut sein
in den Wolken
oder geschmolzen in der Hitze

the trepidation
must have taken
a long trek

and maybe
the anguish
hitched itself

to a shooting star
and dissolved
on the trip.

die Beklommenheit
muss sich auf einen
langen Weg gemacht haben

und vielleicht
hat die Qual
sich festgehakt

an einer Sternschnuppe
und sich aufgelöst
auf der Reise.

Everything

(for David)

Everything is still there
little of him
has slipped

his legs skimmed
by narrow
black pegged trousers

still contain an air
of movement
and expectation

as though they are about
to begin a long
or short dance

we met by chance
this dark-eyed man
and I

felt weak
in the spleen
and knees

his hips
chartered
their own direction

Alles

(für David)

Es ist immer noch alles da
wenig von ihm
ist abhanden gekommen

seine Beine modelliert
vom engen Schnitt
schwarzer Peg-Hosen

haben immer noch ein Flair
von Bewegung
und Erwartung

als fingen sie gleich
einen langen
oder kurzen Tanz an

wir trafen uns zufällig
dieser dunkeläugige Mann
und ich

fühlte mich schwach werden
im Innersten
und in den Knien

seine Hüften
legten
ihren eigenen Kurs fest

his chest
positioned itself to check
for navigational fixes

and his arms
held a universe
of stars

that was
thirty
years ago

and
everything is still there
nothing has slipped.

seine Brust
brachte sich in Position
für Ortung und Navigation

und seine Arme
hielten ein Universum
voller Sterne

das liegt
dreißig Jahre
zurück

und
alles ist noch da
nichts ist abhanden gekommen.

If We Could Stay

If we could stay
in this kiss

if we could stay
like this

lips
to
lips

a diaphanous
current
cradling our heads

invisible
print
inking us

if we could stay
like this

would
we
miss

all illness
all ailments

all sadness
all danger

Wenn wir bleiben könnten

Wenn wir bleiben könnten
in diesem Kuss

wenn wir bleiben könnten
so wie jetzt

Lippen
an
Lippen

und ein durchsichtiger
Strom
unsere Köpfe wiegt

unsichtbar
Gedrucktes
uns einfärbt

wenn wir bleiben könnten
so wie jetzt

würden
wir

allen Krankheiten
allem Leiden

aller Traurigkeit
allen Gefahren
entgehen

would
calamities
and tragedies

re-route
themselves

if we could stay
in this kiss?

würden
Unheil
und Tragödien

sich
abwenden

wenn wir bleiben könnten
in diesem Kuss?

Yesterday

(for David)

I loved you yesterday
and all the yesterdays
that have made up
years of yesterdays

I probably loved you
before I was born

and was preparing myself
for you in the womb
of the war-torn country
in which I was born

I probably loved you
before I was born

I loved you when I was nineteen
although I didn't know
where and who you were

I loved you when we met
and I left a man
I thought I loved

people thought there
was something wrong
with my head

Gestern

(für David)

Ich habe dich gestern geliebt
und an allen Gestern-Tagen
die zu Jahren wurden
von Gestern-Tagen

wahrscheinlich liebte ich dich
schon bevor ich geboren war

und bereitete mich vor
auf dich im Leib
des vom Krieg zerrissenen Landes
in dem ich geboren wurde

wahrscheinlich liebte ich dich
schon bevor ich geboren war

ich liebte dich mit neunzehn
obwohl ich nicht wusste
wo und wer du warst

ich liebte dich als wir uns trafen
und verließ einen Mann
den ich zu lieben glaubte

die Leute dachten da
stimme etwas nicht
in meinem Kopf

but I knew
I'd been waiting
for you

that was thirty-four years ago
thirty-four years
of yesterdays

yesterdays
filled with love
and children

and paint brushes
and pens
and love

and days of
discovery
and love

I love you
today
on your sixty-seventh birthday

I probably loved you
before I was born.

aber ich wusste
ich hatte gewartet
auf dich

das war vor vierunddreißig Jahren
vierunddreißig Jahren
von Gestern-Tagen

vielen Gestern
mit Liebe erfüllt
und Kindern

und Pinseln
und Füllern
und Liebe

und Tage
des Entdeckens
und der Liebe

ich liebe dich
heute
an deinem siebenundsechzigsten Geburtstag

wahrscheinlich liebte ich dich
schon bevor ich geboren war.

Inhalt

»Ich träume von Wörtern.«
Vorwort von Lily Brett   7

The Arrival (aus: *Unintended Consequences*)   12
Die Ankunft   13

I Am Populated (aus: *Poland*)   14
Ich bin bevölkert   15

I Keep Forgetting (aus: *After the War*)   18
Ich vergesse dauernd   19

At Seventeen (aus: *Poland*)   24
Mit Siebzehn   25

After The War (aus: *Poland*)   26
Nach dem Krieg   27

The Mother Tongue (aus: *Poland*)   30
Die Muttersprache   31

Arriving in Australia (aus: *Auschwitz*)   34
Ankommen in Australien   35

Until I Was Six (aus: *After the War*)   40
Bis ich sechs war   41

A Storyteller (aus: *After the War*)   42
Eine Geschichtenerzählerin   43

I Was Waiting (aus: *After the War*)   46
Ich habe gewartet   47

Killing Me (aus: *After the War*)   50
Mich umbringen   51

Mr Kurop's (aus: *After the War*)   56
Bei Mr. Kurop   57

I Was Shouting (aus: *Poland*)   64
Ich schrie   65

I Have Never Known (aus: *Poland*)   70
Ich wusste nie   71

The Questions (aus: *In Her Strapless Dresses*)   74
Die Fragen   75

I Talk To You (aus: *After the War*)   78
Ich spreche mit dir   79

A Chorus (aus: *Unintended Consequences*)   82
Ein Chor   83

Whoever They Are (aus: *Blistered Days*)   86
Wer immer sie sind   87

Laden (*Unpublished*)   88
Beladen   89

Two Aunts (*Unpublished*)   94
Zwei Tanten   95

Today III (aus: *Poland*)   100
Heute III   101

Today I (aus: *Poland*)   106
Heute I   107

Three Analysts (aus: *Unintended Consequences*)   110
Drei Analytiker   111

The Half-light (aus: *After the War*)   114
Das Halbdunkel   115

Places (aus: *After the War*)   116
Orte   117

I Had To Kiss (aus: *In Her Strapless Dresses*)   118
Fünf Küsse   119

Curled (aus: *Unintended Consequences*)   122
Zusammengerollt   123

Cradlesong (aus: *Unintended Consequences*)   124
Wiegenlied   125

Pieces of Shrapnel (aus: *Unintended Consequences*)   130
Schrapnellsplitter   131

Your Eyes (*Unpublished*)   132
Deine Augen   133

Everything (*Unpublished*)   136
Alles   137

If We Could Stay (aus: *Unintended Consequences*)   140
Wenn wir bleiben könnten   141

Yesterday (*Unpublished*)   144
Gestern   145

Gedichte von Lily Brett:

The Auschwitz Poems, 1986
Poland and Other Poems, 1987
After the War, 1990
Unintended Consequences, 1992
In Her Strapless Dresses, 1994
Mud in My Tears, 1997
Blistered Days, 2007

Deutsch:

Lily Brett, Auschwitz Poems – Gedichte
Englisch und deutsch. Übertragen von Silvia Morawetz.
Mit Illustrationen von David Rankin. 2004

Lily Brett, Liebesgedichte
Ausgewählt, aus dem Amerikanischen übertragen und mit einem Nachwort von Jutta Kaußen. 2008

Für seine Gesprächsbereitschaft und seine Ratschläge bei der Arbeit an diesem Band bedankt sich die Übersetzerin bei Wolfgang Kaußen.